Bibliografische Information der Deutschen Nationalbibliothek:

Die Deutsche Bibliothek verzeichnet diese Publikation in der Deutschen Nationalbibliografie; detaillierte bibliografische Daten sind im Internet über http://dnb.d-nb.de/ abrufbar.

Impressum:

Druck und Bindung: Books on Demand GmbH, Norderstedt Germany
ISBN: 9783656875468

Dieses Buch bei GRIN:

http://www.grin.com/de/e-book/146219/maryse-hilsz-die-rekordfliegerin-aus-frankreich

Ernst Probst

Maryse Hilsz. Die Rekordfliegerin aus Frankreich

GRIN Verlag

Ernst Probst

Maryse Hilsz

Die Rekordfliegerin
aus Frankreich

Maryse Hilsz (1903–1946)
gewidmet

Maryse Hilsz (1903–1946).
Foto: Simone Auffret / CC-BY-SA-3.0
(via Wikimedia Commons),

Levallois-Perret (Département Hauts de Seine)
nordöstlich von Paris.
Foto: Reproduktion einer Postkarte vor 1916,
gescannt von Claude Shoshany
(via Wikimedia Commons),
Lizenz: gemeinfrei (Public domain)

Als berühmte französische Luftfahrtpionierin gilt Maryse Hilsz (1903–1946). Sie unternahm in den 1920-er und 1930-er Jahren spektakuläre Fallschirmsprünge, Kunstflüge, Langstreckenflüge und Rekordflüge. Als eine der ersten Frauen trug sie eine französische Militäruniform. Im besten Alter verlor sie bei einem Absturz ihr Leben.

Marie-Antoinette („Maryse") Hilsz wurde am 7. März 1903 als Tochter eines Küfers und einer Schneiderin in Levallois-Perret (Département Hauts de Seine) nordöstlich von Paris geboren. Ihre Eltern stammten aus Rhinau im Elsass. In einigen Biografien wird 1901 als Geburtsjahr von Maryse erwähnt. Manchmal liest man auch die falschen Schreibweisen Hiltz oder Hilz ihres Familiennamens. Ihre Familie lebte in bescheidenen Verhältnissen. Bereits als kleines Kind sah Maryse gerne vorbeifliegenden Flugzeugen zu.

Nach dem frühen Tod ihres Vaters verließ Maryse die Schule, lernte von ihrer Mutter Näharbeiten und begann im Alter von 13 Jahren eine Lehre als Modistin. Als junge Frau interessierte sie sich weiterhin für die Fliegerei. 1924 unternahm sie zusammen mit dem Piloten M. Froissart in Le Bourget bei Paris einen ersten Flug. Damals wagte sie bei einem Wettbewerb ihren ersten Fallschirmsprung. Diese Erlebnisse verstärkten ihren Wunsch, das Fliegen zu erlernen. Ihre Einkünfte als Modistin erlaubten das aber nicht sofort.

Um ihren Flugunterricht zu finanzieren, trat Maryse Hilsz in der Folgezeit als Fallschirmspringerin für 500 Francs pro Sprung und Luftakrobatin auf. Von 1925 bis 1929 absolvierte sie bei 61 Auftritten in Frankreich, Belgien und Deutschland insgesamt 112 Fallschirmsprünge, darunter 20 zu zweit. Bei ihren waghalsigen Stunts als Luftakrobatin stand sie während des Fluges auf den Flügeln der Maschine.

Detailansicht des Flughafens Le Bourget bei Paris im Jahre 1922.
Foto: Bibliothèque nationale de France
Urheber: Agence de presse Meurisse (via Wikimedia Commons),
Lizenz: gemeinfrei (Public domain)

Ab 1928 besaß Maryse Hilsz endlich einen Pilotenschein. Am 21. Juni 1929 absolvierte sie erfolgreich mit einem Eindecker „Morane- Saulnier 35“ mit 130 PS einen Flug von Le Bourget bei Paris (Frankreich) nach Croydon bei London (England) und zurück in 5 Stunden 45 Minuten. Der Flughafen Le Bourget war 1919 für den kommerziellen Luftverkehr in Betrieb genommen geworden und bis zur Fertigstellung des Flughafens Orly der einzige Pariser Flughafen. Sechs Tage später wagte Maryse am 27. Juni 1929 einen Flug von Paris nach Amsterdam (Niederlande) und zurück. Doch ein Motorschaden zwang sie nahe des Flughafens Schiphol zu einer Notlandung in einem Tulpenfeld. Für den Schaden im Tulpenfeld musste sie 5.125 Francs bezahlen, was die Aufgabe weiterer geplanter Flüge in Europa zur Folge hatte.
Stolz konnte Maryse Hilsz am 21. April 1930 ihre Lizenz Nr. 1293 als Verkehrspilot entgegennehmen. Sie kaufte einen kleinen Doppeldecker „Morane-Saulnier“ („F-Moth“) mit 100-PS-Motor, bei dem es sich um eine in Lizenz in Frankreich nachgebaute „Moth“ („Motte“) von De Havilland“ handelte. Diese Maschine wurde unter „F-AJOE“ zugelassen und von Maryse als „Joe I“ bezeichnet.
Eine der Leidenschaften von Maryse Hilsz waren spektakuläre Langstreckenflüge, die sie 1930 nach Saigon (Vietnam), 1932 nach Tananarive (Madagaskar) sowie 1933 und 1934 nach Tokio (Japan) führten. Ihre andere Leidenschaft waren meisterhafte Kunstflüge. Jede dieser beiden Leidenschaften hätte eigentlich für ein ganzes Leben ausgereicht.
Den Flug von Villacoublay bei Paris nach Saigon wagte Maryse Hilsz am 12. November 1930 mit ihrem Doppeldecker „Joe I“. Dabei verzichtete sie auf einen Passagier, damit sie einen größeren Benzinvorrat mitnehmen konnte. Der Flug erfolgte

Luftbild der Insel Juan de Nova im Kanal vom Mosambik zwischen Madagaskar und Mosambik.
Foto: TAAF / CC-BY-SA3.0
(via Wikimedia Commons),
lizensiert unter Creative Commons by-sa-3.0-de,
http://creativecommons.org/licenses/by-sa/3.0/legalcode

über Gorizia, Belgrad, Istanbul, Konya, Aleppo, Bagdad, Bouchir, Djansk, Karatschi, Agra, Kalkutta, Rangun und Bangkok. Um lästigen Benzingestank loszuwerden, musste sie sich vom 24. November bis zum 4. Dezember 1930 in Rangun (heute Myanmar) aufhalten. In Saigon kam sie am 5. Dezember 1930 an. Ein Ölleck während des Rückfluges erforderte eine Notlandung und eine Reise mit einem Esel, um Schmiermittel zu beschaffen. Am 22. Dezember 1930 traf Maryse in Bagdad (Irak) ein. Neue Probleme verursachte der Ausfall des Propellers am 28. Dezember 1930 in Istanbul (Türkei). Erst am 10. Januar 1931 konnte Maryse diese Stadt verlassen. Am 7. Februar 1931 erreichte sie endlich den Flughafen Le Bourget bei Paris in Frankreich. In 92 Stunden 31 Minuten Flugzeit hatte sie eine Flugstrecke von insgesamt rund 25.000 Kilometern hinter sich gebracht.
In Le Bourget bei Paris traten Maryse Hilsz und ihr Mechaniker Maurice Dronne am 31. Januar 1932 in einer „Farman F-291" („Joe II") mit 300-PS ihren geplanten Flug zur Insel Madagaskar vor der Ostküste von Mosambik (Afrika) an. Auf dem Hinflug mussten sie wegen einer geplatzten Ölleitung bei Birni N'Konni in Niger notlanden. Nachdem die Ersatzteile aus Paris eingetroffen und eingebaut waren, ging die Luftreise nach Tananarive (heute Antananarivo) auf Madagaskar weiter. Am 31. März 1932 erfolgte die glückliche Landung in Tananarive. Beim Rückflug traten auf der Strecke von Madagaskar nach Mosambik gewisse „Stabilitätsprobleme" auf. Diese zwangen zu einer Notlandung auf der drei Kilometer langen und 1,6 Kilometer breiten Insel Juan de Nova im Kanal vom Mosambik zwischen Madagaskar und Mosambik. Dort mussten Maryse und der Mechaniker Dronne 17 Tage lang ausharren, bevor sie wieder starten konnten. An diese

Maryse Bastié (1898–1952)
Foto: Reproduktion einer Postkarte
mit Autogramm aus dem 1920-er Jahren.
(via Wikimedia Commons),
Lizenz: gemeinfrei (Public domain)

Notlandung erinnert ein im Dezember 2010 errichtetes Denkmal auf Juan de Nova. Nach der Ankunft in Frankreich am 7. Mai 1932 – 29 Tage später als geplant – hatte Maryse Hilsz als erste Frau diese schwierige 24.000-Kilometer-Flugreise von Frankreich nach Madagaskar und zurück geschafft.

Mit einer „Farman F-291“ und dem Mechaniker Henri Lemaître machte sich Maryse Hilsz am 1. April 1933 auf die lange Flugreise von Paris nach Tokio (Japan). Bei einem Zwischenstopp in Hanoi (Vietnam) vom 7. bis 13. April 1933 wurden Reparaturen an der Maschine vorgenommen. Die Ankunft in Tokio erfolgte am 16. April 1933. Zurück ging es wieder am 27. April 1933 bis zum 14. Mai 1933. Allein für die Teilstrecke von Saigon nach Paris wurden sechs Tage und 23 Stunden benötigt. Als Belohnung für diese fliegerische Leistung stellte das französische Luftfahrtministerium für den nächsten Langstreckenflug von Maryse eine neue Maschine zur Verfügung. Dabei handelte es sich um ein militärisches Aufklärungsflugzeug „Bréguet Bre 27“ mit 650 PS.

Ein weiteres großes Abenteuer war der Flug von Maryse Hilsz und ihres Mechanikers erneut von Paris nach Tokio und zurück, zu dem sie am 26. Januar 1934 mit der „Bréguet 33 R“ („Joe III“) aufbrachen. Trotz schlechten Wetters stellten sie dabei einen Geschwindigkeitsrekord auf und kamen am 6. Februar 1934 in Tokio an. Der Rückflug in Etappen zog sich vom 20. März bis zum 28. April 1934 dahin. Innerhalb von fünf Tagen 38 Minuten wurde dabei die Teilstrecke von Saigon nach Paris bewältigt. Damit war der Rekord von 1933 gebrochen. In der Literatur wird verschiedentlich der erste Flug einer Frau von Paris nach Tokio und zurück irrtümlich Maryse Bastié (1898–1952) zugeschrieben.

Maryse Hilsz vor ihrer „Mauboussin M-122"
im September 1935.
Foto: Bibliothèque nationale de France
Urheber: Agence de presse Meurisse
(via Wikimedia Commons),
Lizenz: gemeinfrei (Public domain)

Im Laufe ihres bewegten Fliegerinnenlebens hat Maryse Hilsz zahlreiche Rekorde aufgestellt. Bei Villacoublay stieg sie am 19. August 1932 in einer „Morane-Saulnier 223“ mit 420 PS bis zu 9.791 Meter hoch und brach damit den bis dahin gültigen Höhenrekord für Frauen. 1933 erhielt sie die „Internationale Harmon Trophy“ als „beste Fliegerin der Welt“. In einer „Morane-Saulnier 275“ mit 600 PS gelang ihr am 17. Juni 1934 in Villacoublay mit 11.800 Metern ein neuer Höhenrekord für Frauen. Am 1. September 1935 gewann sie in einer „Breguet 27“ mit 770 PS auf der 688 Kilometer langen Flugstrecke von Paris nach Cannes mit einer Durchschnittsgeschwindigkeit von 277,263 Stundenkilometern den Hélène-Boucher-Cup“. Letzterer erinnerte an die tödlich verunglückte französische Pilotin Hélène Boucher (1908–1934). Diesen Cup holte sie in einer „Caudron 680-5 Super Rafale“ mit 366,760 Stundenkilometern auch am 29. August 1936. Über Villacoublay kreiste sie am 24. September 1935 in einer „Mauboussin M-122“ mit 75 PS bis in 7.338 Meter Höhe und erreichte damit einen Frauenhöhenrekord für Kleinflugzeuge. Am 23. Juni 1936 stieg sie in Villacoublay mit ihrem Doppeldecker „Potez 506“ mit 900 PS innerhalb von 36 Minuten bis in 14.310 Meter Höhe auf. Eine solche Leistung war bis dahin noch von keiner Frau erreicht worden. Dieser Erfolg wurde von dem Dichter Léon-Paul Fargue (1876–1947) im Magazin „Plain Ciel“ gefeiert. Auch der französische Kunstflieger Michel Detroyat (1905–1956) be-wunderte die Leistung von Maryse Hilsz. Er wies darauf hin, dass man bei Flügen in so großer Höhe einen Inhalator tragen und eine Kälte bis zu 50 Grad minus aushalten müsse.

Bange Minuten erlebte Maryse Hilsz am 19. Dezember 1936 in der Gegend von Istres (Département Bouches-du-Rhône)

Hélène Boucher (1908–1934).
Foto: Reproduktion einer Aufnahme
auf einer Postkarte von 1933

in Südfrankreich, als sie mit einer „Caudron C-640 Typhon" versuchte, einen neuen Geschwindigkeitsrekord aufzustellen. Dabei wurde sie aus ihrer Maschine geworfen, stürzte ohnmächtig mit dem Fallschirm zu Boden und wurde beim Aufprall schwer verletzt. Mit einer „Caudron C-635 Simoun" erkämpfte sie am 19. Dezember 1937 in Istres den Geschwindigkeitsrekord in einer geraden Bahn für Frauen.

Am 23. Dezember 1937 übertraf Maryse Hilsz bei einem 10.135 Kilometer langen Flug von Paris nach Saigon in einer „Caudron Simoun" mit 220 PS mit 92 Stunden 31 Minuten den Geschwindigkeits-Weltrekord ihres Landsmannes André Japy (1904–1974) von 98 Stunden 52 Minuten auf dieser Strecke. Auf dem Rückflug landete sie wegen eines Fehlers zwischen Karachi (Pakistan) und Bagdad (Irak) in der Wüste.

Bei ihren Auftritten in der Öffentlichkeit machte die Fliegerin Maryse Hilsz – trotz blauer Mechanikerkutte und weißer Fliegermütze – stets optisch eine gute Figur. Männliche Zeitgenossen waren von der schlanken, vom Scheitel bis zur Sohle gepflegten, eleganten und charmanten Dame mit selbst- und zielbewusstem Auftreten und Gebärden sehr angetan.

Wenn sie allein zwischen Himmel und Erde sei, empfinde sie nicht nicht die geringste Furcht, verriet Maryse Hilsz. Sie sei glücklich, solange alles gut an Bord gehe, gleich ob der Untergrund Wasser oder Land, Wüste oder Urwald sei. Als Flieger kenne man allerdings, wie vielleicht in keinen anderen Beruf, schwere Stunden. Doch nach einigen Tagen seien auch die größten Mühen und Leiden vergessen und man beginne von neuem.

Falls man Maryse Hilsz nach ihren Plänen fragte, antwortete sie bescheiden, dass sie niemals darüber rede. Aber sie würde sich vor keiner Aufgabe scheuen.

In den frühen 1930-er Jahren hatte Maryse Hilsz eine leidenschaftliche Beziehung mit dem französischen Flieger André Salel (1904–1934). Dieser kam am 18. Juni 1934 in der Gegend von Châteaufort (Département Yvelines) bei einem Testflug mit dem Prototyp des „Fighter F 420-01“ von Farman zusammen mit dem Mechaniker Roger Robin ums Leben. Maryse ließ an der Absturzstelle, etwa 20 Kilometer südwestlich des Stadtzentrums von Paris entfernt, ein Denkmal zur Erinnerung an die beiden Absturzopfer errichten. Dieses Denkmal wurde – ein Jahr nach dem Unglück – am 18. Juni 1935 eingeweiht. Heiraten, ihre Fliegerkarriere aufgeben sowie ein sicheres und ruhiges Leben führen, wollte sie nicht.
Für die beste weibliche sportliche Leistung des Jahres erhielt Maryse Hilsz 1936 den „Prix Monique Berlioux“ der „Academie des Sports“. Diesen Preis hat man 1919 beschlossen und 1921 zum ersten Mal verliehen. 1937 wurde Maryse „Offizier der Ehrenlegion“ („Officier de la Légion d'honneur“).
Von September 1939 bis Juni 1940 lieferte Maryse Hilsz für den Flugzeughersteller Arniot viele Flugzeuge an die französische Luftwaffe aus. Nach dem Waffenstillstand zwischen Frankreich und Deutschland im Juni 1940 zog sie in die USA, wo sie hoffte, weiterhin als Fliegerin aktiv sein zu können. Enttäuscht kehrte sie bald wieder nach Frankreich zurück und eröffnete im unbesetzten Aix-en-Provence in Südfrankreich ein Modegeschäft. Ab 1941 war Maryse im französischen Widerstand („Résistance“) aktiv.
Anfang 1945 beschloss der kommunistische französische Luftfahrtminister Charles Tillon (1897–1993), Frankreich wolle wie die Sowjetunion ein Korps weiblicher Militärpiloten aufstellen. Hierfür hat man zahlreiche renommierte Fliegerinnen wie Maryse Bastie, Maryse Hilsz, Élizabeth Boselli,

Élizabeth Lion und Anne-Marie Imbrecq eingestellt. Maryse Hilsz wurde zum Leutnant ernannt und trug als eine der Ersten eine Militäruniform.
Am 30. Januar 1946 ist Maryse Hilsz im Alter von nur 42 Jahren bei einem Flugzeugunglück in der Gegend von Bourg-en-Bresse (Département Ain) im Osten Frankreichs gestorben. Sie war bei schlechtem Wetter mit ihrer Maschine des Typs „Siebel 204 GLAM" abgestürzt und hatte dabei ihr Leben verloren. Ihr Grab befindet sich auf dem Friedhof ihres Geburtsortes Levallois-Perret.
Posthum ehrte man Maryse Hilsz 1946 mit der „Médaille de l'Aéronautique". Die französische Post gab 1973 eine 10-Francs-Briefmarke heraus, die Bilder der Fliegerinnen Maryse Hilsz und Hélène Boucher (1908–1934) zeigt. Die „Wunderfliegerin" Boucher hat insgesamt elf Weltrekorde aufgestellt hat. 1999 schilderte der Autor Olivier de Chazeaux in seinem Buch „Maryse Hilsz. La femme qui aimait tant de ciel" das Leben von Maryse. 2003 erschienen in Frankreich eine 1,50-Euro-Münze und eine 20-Euro-Münze zum Gedenken an den Langstreckenflug von Maryse Bastie von Paris nach Tokio und zurück im Jahre 1934. In ihrem Geburtsort Levallois-Perret erinnern der Straßenname „Rue Maryse Hilsz" und eine Skulptur in Gestalt eines Vogelflügels, der zum Himmel zeigt, im Park „La Planchette" an die unvergessene Fliegerin. Außer in Levallois-Perret gibt es auch in Blois, Le Grand-Quevilly, Le Plessis-Pâté, Paray-Vieille-Poste, Paris, Rosny-sous-Bois, Saint-Médard-en-Jalles, Soisy-sous-Montmorency, Tarbes, Toulouse und Vélizy-Villacoublay eine „Rue Maryse Hilsz". Im 20. Arrondissement von Paris erinnern das Stadion „Stade Maryse Hilsz" und die Grund-schule „École Eléméntaire Maryse Hilsz" an die große Fliegerin.

Literatur

CHAZEAUX, Olivier de: Maryse Hilsz. La femme qui aimait tant le ciel, Paris 1999

CLEMENT, Virginia: Maryse Bastié, Paris 1956

HARGRAVE THE PIONEERS, Aviation and Aeromodelling – Interdependent Evolutions and Histories http://www.ctie.monash.edu.au/hargrave/hilsz.html

LEBOW, Eileen F.: Before Amelia. Women pilots in the early days of aviation, Dulles/Virginia 2003

LUX, Antonius (Herausgeber): Große Frauen der Weltgeschichte, 1000 Biographien in Wort und Bild, München 1963

MASSÉ, Xavier: Des femmes dans l'aéronautique, Paris 2009

PROBST, Ernst: Königinnen der Lüfte von A bis Z, München 2010

REDIER, Antoine (mit einem Vorwort von Victor Denain, ministre de l'Air): Hélène Boucher, jeune fille française, Paris 1935

SCHMITT, Günter: Die Ladys in den fliegenden Kisten, Berlin 1993

TESSIER, Roland (mit Illustrationen von Paul Lengellé): Hélène Boucher, Paris 1943

WIKIPEDIA (Online-Lexikon) Maryse Hilsz (französisch) http://fr.wikipedia.org/wiki/Maryse_Hilsz

Sophie Blanchard (1778–1819)
Bild: Reproduktion eines Kupferstiches von Jules Porreau aus dem Jahre 1859, der nach ihrem Tod entstand

Frauen in der Luftfahrt

4. Juni 1784: Die französische Opernsängerin Elisabeth Thible, nach anderer Schreibweise auch Tible, fliegt in Lyon als erste Frau in einem Heißluftballon (Montgolfière) mit.

10. November 1798: Die Französin Jeanne Labrosse (1775–1845), die Ehefrau des Luftakrobaten André-Jacques Garnerin (1769–1823), unternimmt als erste Frau selbstständig einen Flug in einem Ballon.

12. Oktober 1799: Jeanne Labrosse wagt als erste Frau der Welt aus einer Höhe von rund 900 Metern einen Fallschirmsprung.

7. Juli 1819: Die erste professionelle Luftschifferin Frankreichs, Madeleine Sophie Blanchard (1778–1819), kommt in Paris bei einer Ballonfahrt als erste Frau beim Fliegen ums Leben.

Um 1850: Die französische Fallschirmspringerin Rosalie Poitevin (1819–1908) stellt in Parma (Italien) mit einem Sprung aus rund 2.000 Metern einen Frauenrekord auf, der erst 1931 von der Deutschen Lola Schröter (1906–1953) überboten wird.

4. Juli 1880: Mary Hawley Myers (1849–1932) unternimmt in Little Falls (New York) als erste Amerikanerin einen Alleinflug mit einem Ballon.

19. Juli 1893: Käthe Paulus (1868–1935) unternimmt in Nürnberg (Bayern) zusammen mit ihrem Verlobten Hermann Lattemann (1852–1894) ihren ersten Ballonflug. Sie gilt als erste Luftschifferin in Deutschland.

1893: Die Luftschifferin Käthe Paulus wird in Elberfeld bei Wuppertal die erste deutsche Fallschirmspringerin.

9. Juli 1903: Die Amerikanerin Aida de Acosta (1884–1962) unternimmt in Paris als erste Frau einen Alleinflug in einem lenkbaren Luftschiff.

1906: Die Amerikanerin E. Lillian Todd (1865–1937) entwirft und baut als erste Frau ein Flugzeug, das allerdings nie fliegt.

8. Juli 1908: Die französische Bildhauerin Therésè Peltier (1873–1926) unternimmt in Turin (Italien) an Bord eines Doppeldeckers zusammen mit dem französischen Piloten Léon Delagrange (1873–1910) den ersten Flug mit einem weiblichen Passagier.

7. Oktober 1908: Edith Berg fliegt als erste Amerikanerin in Le Mans (Frankreich) in einem Flugzeug mit. Sie ist eine Passagierin des amerikanischen Luftpioniers Wilbur Wright (1867–1912) und die Ehefrau von Hart O. Berg, des europäischen Agenten von Wright.

26. Oktober 1909: Die Französin Marie Marvingt (1875–1963) fliegt als erste Frau mit einem Ballon von Frankreich nach England.

8. März 1910: Die französische Schauspielerin Raymonde de Laroche (1844–1919) wird die erste Pilotin der Welt.

9. April 1910: Hélène Dutrieu (1877–1961) wird die erste Pilotin in Belgien.

19. April 1910: Hélène Dutrieu fliegt als erste Frau der Welt einen Passagier.

Sommer 1910: Hilda Hewlett (1864–1943) wird Mitbegründerin der ersten Flugschule in England.

2. September 1910 (oder 6. September oder Mitte Oktober): Blanche Stuart Scott (1889–1970) wird angeblich die erste amerikanische Pilotin. Ihr Flug wird von der „Aeronautical Society of America“ nicht anerkannt, weil er zufällig erfolgt.

16. September 1910: Bessica Medlar Raiche (1875–1932) wird angeblich die erste amerikanische Pilotin.

8. November 1910: Marie Marvingt wird die dritte Frau mit Pilotenlizenz in Frankreich.

1. August 1911: Harriet Quimby (1875–1912) wird die erste Amerikanerin mit Pilotenlizenz.

10. August 1911 (4. September 1911) : Lidija Swerewa (1890–1916) wird die erste Pilotin in Russland.

17. August 1911: Matilde Moissant (1878–1964) wird die zweite Amerikanerin mit Pilotenlizenz.

29. August 1911: Hilda Hewlett wird erste Britin mit Pilotenlizenz.

4. September 1911: Harriet Quimby unternimmt als erste Frau einen Nachtflug.

13. September 1911: Melli Beese-Boutard (1886–1925) legt als erste Deutsche die Pilotenprüfung ab.

10. Oktober 1911: Beatrix de Rijk (1883–1958) wird eine der ersten Pilotinnen in Holland.

Dezember 1911: Die Amerikanerinnen Harriet Quimby und Matilde Moisant (1878–1964) unternehmen als erste Pilotinnen einen Flug über Mexiko.

16. April 1912: Harriet Quimby überfliegt als erster weiblicher Pilot den Ärmelkanal (Englischer Kanal).

Juli 1912: Lilly Steinschneider (1891–1975) wird die erste Pilotin in Österreich-Ungarn.

2. September 1912: Die Französin Jeanne Pallier (1871–1939) fliegt bei ihrer Pilotenprüfung als erste Frau über Paris.

1912: Die Pilotin Ruth Law (1887–1970) fliegt als zweite Amerikanerin bei Nacht.

21. November 1912: Die russische Pilotin Ljuba Galanschikoff (1884–1968) stellt einen Höhenweltrekord für Frauen auf. Sie

erreicht mit einem geliehenen Fokker-Eindecker eine Höhe von 2.000 Metern.

5. Januar 1913: Rosina Ferrario (1888–1959) erhält als erste Pilotin in Italien vor dem Ersten Weltkrieg eine Fluglizenz.

31. Juli 1913: Die amerikanische Pilotin Alys McKey („Tiny") Bryant (1880–1954) unternimmt in Vancouver den ersten Flug einer Frau in Kanada. Ihre Flüge in Kanada waren Teil des Unterhaltungsprogramms für den Prinzen von Wales und den Herzog von York, die Vancouver und Victoria besuchen.

20. August 1913: Ljuba Galanschikoff unternimmt zusammen mit dem Piloten Léon Letort (1888–1913) den ersten Flug innerhalb eines Tages von Berlin nach Paris.

September 1913: Katherine Stinson (1891–1977) betätigt sich in Montana als erste Luftpostpilotin der USA.

1913: Hélène Dutrieu wird erstes weibliches Mitglied der „Pariser Luftwache" und schützt die französische Hauptstadt im Ersten Weltkrieg (1914–1918) vor Angriffen deutscher Flugzeuge und Militärluftschiffe.

19. Mai 1914: Die russische Pilotin Lydija Swerewa (1890–1916) fliegt in Riga (Litauen) als erste Frau einen Looping (Kunstflugfigur in senkrechter Kreisbahn).

6. Juni 1914: Else Haugk (1889–1973) wird die erste Pilotin der Schweiz.

1914: Prinzessin Eugenie Michailowna Shakhovskaya (1889–1920) wird die erste russische Militärpilotin. Sie unternimmt als Fähnrich im Dienste des Zaren etliche Aufklärungsflüge.

1915: Die Schwestern Marjorie Stinson (1896–1975 und Katherine Stinson (1891–1977) betreiben mit ihrer Mutter Emma Beaver Stinson in Texas die erste von Frauen geleitete Flugschule.

17. Januar 1915: Ruth Law (1887–1970 wagt in Daytona Beach (Florida) als erste amerikanische Pilotin einen Looping. Ihrer Landsmännin Katherine Stinson glückt dieses Kunststück am 18. Juli 1915 über dem Flugplatz „Cicero Field“ in Chicago.

1915: Nahdeshda Degtera, deren Geburts- und Todesdatum unbekannt sind, ist die erste russische Pilotin, die bei einem Kampfeinsatz im Ersten Weltkrieg verwundet wird.

1916: Die Deutsche Käthe Paulus erfindet den zusammenlegbaren Fallschirm.

12. Juli 1919: Raymonde de Laroche stellt einen Höhenrekord für Frauen auf (4.800 Meter).

1919: Ruth Law befördert als erster Flieger Luftpost zu den Philippinen.

30. Mai 1920: Elsa Andersson (1897–1922) wird die erste schwedische Pilotin.

15. August 1920: Die amerikanische Pilotin Laura Bromwell (1899–1920) fliegt 87 Loopings und schafft damit einen Weltrekord.

1. April 1921: Die französische Pilotin Adrienne Bolland (1896–1975) fliegt als erste Frau über die Anden.

Mai 1921: Laura Bromwell fliegt 199 Loopings und stellt damit einen neuen Weltrekord auf.

15. Juni 1921: Die schwarze Amerikanerin Bessie Coleman (1893–1926) erhält in Frankreich ihre Fluglizenz und wird die erste afro-amerikanische Pilotin.

2. Oktober 1921: Elsa Andersson ist nach einem Absprung in Kristianstad die erste schwedische Fallschirmspringerin.

8. April 1922: Teresa de Marzo (1903–1986) wird die erste Pilotin in Brasilien.

1922: Tadashi Hyodo (1899–1980) wird die erste Pilotin in Japan.

3. September 1922: Bessie Coleman unternimmt den ersten öffentlichen Flug einer afro-amerikanischen Pilotin in den USA. Dabei springt der farbige Stuntman Hubert Fauntleroy Julian mit einem Fallschirm ab.

Oktober 1922: Lillian Gatlin aus Santa Ana (Kalifornien) wird die erste Passagierin bei einem Flug über Amerika. Sie reist von San Francisco (Kalifornien) nach Mineola (New York).

Der 2.680 Meilen-Nonstop-Flug dauert 27 Stunden 11 Minuten.

1925: Thea Rasche (1899–1971) wird erste Deutsche mit Kunstflugschein.

1925: Kwon Ki-ok (1901–1988) wird die erste Pilotin aus Korea.

1925: Lady Mary Heath (1896–1939) erhält als erste Frau in Großbritannien eine kommerzielle Fluglizenz.

28. März 1927: Millicent Maude Bryant (1878–1927) wird die erste Pilotin in Australien.

Mai 1927: Lady Mary Heath stellt mit 17.000 Fuß (umgerechnet 5.100 Meter) einen Höhen-Weltrekord für Leichtflugzeuge auf.

Ende August 1927: Prinzessin Anne Löwenstein-Wertheim (1864–1927) scheitert beim Versuch einer Atlantiküberquerung von England nach Amerika und kommt dabei ums Leben.

September 1927: Elinor Smith wird im Alter von 16 Jahren die damals jüngste Pilotin der USA.

Oktober 1927: Die Amerikanerin Ruth Elder (1902–1977) scheitert beim Versuch einer Atlantiküberquerung von England nach Amerika.

1927: Phoebe Fairgrave Omlie (1902–1975) wird die erste von der „Civil Aeronautics Administration" („CAA") zugelassene Flugzeugmechanikerin der USA.

1927: Lady Mary Heath unternimmt als erste Frau einen Alleinflug von Südafrika nach England.

1927: Die irische Pilotin Mary Bayley (1890–1960) fliegt als erste Frau über die Irische See.

Januar 1928: Ruth Rowland Nichols (1901–1960) unternimmt zusammen mit dem Piloten Harry Rogers den ersten Nonstop-Flug von New York nach Miami (Florida).

17. und 18. Juni 1928: Die amerikanische Fliegerin Amelia Earhart (1897–1937) fliegt zusammen mit dem Piloten Wilmer Stultz (1899–1929) und dem Mechaniker Louis Gordon von New York nach Paris. Sie ist die erste Frau, die an Bord eines Flugzeuges den Atlantik überquert.

27. Juli 1928. Lady Mary Heath fliegt als erste Frau der Welt ein Passagierflugzeug. Der Start erfolgt in Amsterdam (Niederlande), die Landung in Croydon (Großbritannien).

1928: Maryse Bastié (1898–1952) erwirbt als erste Französin den Führerschein für Passagierflugzeuge.

1928: Die deutsche Pilotin Marga von Etzdorf (1907–1933) wird erste Kopilotin der „Deutschen Luft Hansa" (damalige Schreibweise).

1928: Die irische Pilotin Mary Heath fliegt als erste Frau allein vom „Kap der Guten Hoffnung“ (Südafrika) nach Kairo (Ägypten).

1928: Die amerikanische Pilotin Phoebe Fairgrave Omlie fliegt als erste Frau mit einem Leichtflugzeug über die Rocky Mountains.

Oktober 1928: Die deutsche Pilotin Erika Naumann stellt zusammen mit dem schweizerischen Fliegerhauptmann Wirth bei einem Flug von Böblingen (Süddeutschland) nach Wilna (Litauen) einen Weltrekord auf. Die Flugstrecke beträgt 1.305 Kilometer.

17. Dezember 1928: Die amerikanische Pilotin Marjorie Stinson wird bei der Gründungsversammlung der „Early Birds“ in Chicago das erste weibliche Mitglied. Bedingung für die Aufnahme bei den „Early Birds“ ist für Amerikaner, dass sie bereits vor dem Eintritt der USA in den Ersten Weltkrieg am 17. Dezember 1916 erstmals allein geflogen sind. Für Piloten aus Europa gilt der 4. August 1914 als Stichtag für die Aufnahme bei den „Early Birds“.

1928/1929: Mary Bailey (1890–1960) fliegt als erste Frau allein von England nach Südafrika und wieder zurück. Hinflug vom 9. März bis 30. April 1928, Rückflug vom September 1928 bis 16. Januar 1929.

2. Januar 1929: Evelyn („Bobby“) Trout unternimmt in Los Angeles (Kalifornien) als erste Frau einen Ganze-Nacht-Flug, der 12 Stunden 11 Minuten dauert.

1929: Florence „Pancho“ Barnes“ (1901–1975) wird die erste amerikanische Stuntpilotin. Sie wirkt in dem Film „Hells Angels“ mit, der 1929 in die Kinos kommt.

1929: Phoebe Fairgrave Omlie wird die erste amerikanische Transportpilotin.

1929: Ilse Esser (1898–1994) promoviert als erste Deutsche in Luftfahrttechnik.

August 1929: Die britische Reporterin Grace Marguerite Hay Drummond-Hay (1895–1946) fliegt als erste Frau mit einem Luftschiff um die Welt. Der Flug erfolgt im deutschen Luftschiff „LZ-127 Zeppelin“.

18. bis 26. August 1929: Die amerikanische Pilotin Louise Thaden (1905–1979) gewinnt das erste „Cleveland Women's Air Derby“, den ersten Überlandflug-Wettbewerb für Pilotinnen, der scherzhaft als „Powder-Puff-Derby“ bezeichnet wird. Der Start erfolgt in Santa Monica (Kalifornien), Ziel ist Cleveland (Ohio), gesamte Flugstrecke mehr als 2.700 Meilen (rund 4.500 Kilometer). Zweite wird Gladys O'Donnel, Dritte Amelia Earhart. Beim legendären „Powder-Puff-Derby“ gehen insgesamt 20 Pilotinnen an den Start, von denen 18 aus den USA stammen: Florence („Pancho“) Barnes, Marvel Crosson, Amelia Earhart, Ruth Elder, Claire Fahy, Edith Foltz, Mary Haizlip, Jessie Keith-Miller (Australien), Opal Kunz, Ruth Nichols, Blanche Noyes, Gladys O'Donnell, Phoebe Omlie, Neva Paris, Margaret Perry, Thea Rasche (Deutschland), Louise Thaden, Bobbi Trout, Mary von Mach und Vera Dawn Walker. Davon erreichen 13 Frauen das Ziel. Den scherzhaften

Begriff „Powder-Puff-Derby" („Puderquastenrennen") hat der Komiker Will Rogers (1879–1935) geprägt. Er beruht auf dem Kosmetik-Utensil, mit dem sich die Pilotinnen nach den Landungen puderten.

2. November 1929: Amelia Earhart gründet zusammen mit vier anderen bekannten Pilotinnen auf dem Flugplatz „Curtiss Field" in Valley Stream, Long Island (New York), den „Club der Neunundneunzig" („Ninety Nines"), der die Stellung der Frauen in der Luftfahrt stärken soll. Einen solchen Club hatte Clara Trenckman Studer, eine flugbegeisterte Assistentin und Helferin ohne Pilotenschein, angeregt. Die Einladung zur Gründungsversammlung war am 9. Oktober 1929 an 117 Pilotinnen in den USA verschickt und von Fay Gillis, Margorie Brown, Frances Harrel und Neva Paris unterzeichnet worden. Zur Gründungsversammlung kommen 26 Pilotinnen nach Valley Stream, nur vier davon mit dem Flugzeug, die anderen wegen schlechten Wetters mit dem Zug. Ein zweites Treffen erfolgt am 14. Dezember 1929 in New York City. Dabei macht Jean Davis Hoyt (gestorben 1988) den Vorschlag, den Club nach der Zahl der Frauen in den USA zu benennen, die einen Pilotenschein besitzen und Interesse an der Gründung des Clubs zeigen. Neva Paris soll die Wahl einer Präsidentin koordinieren, doch sie kommt Anfang 1930 bei einem Flugzeugabsturz ums Leben. Louise Thaden fungiert als „provisorische Präsidentin" des Clubs. Bald gehörten 99 Fliegerinnen zum Club und dessen Name steht fest. 1931 wird Amelia Earhart zur Präsidentin gewählt und bleibt dies bis 1933. „Ninety Nines" behauptet sich bis heute und zählt derzeit weltweit mehr als 20.000 Mitglieder.

November 1929: Die amerikanischen Pilotinnen Evelyn („Bobby“) Trout (1906–2003) und Elinor Smith (geboren 1911) unternehmen den ersten Frauenflug mit Luftbetankung.

Dezember 1929: Amy Johnson (1903–1941) wird die erste Flugzeugmechanikerin in Großbritannien.

5. bis 24. Mai 1930: Die britische Pilotin Amy Johnson-Mollisson (1903–1941) fliegt als erste Frau allein von England nach Australien.

1930: Die britische Fliegerin Beryl Markham (1902–1986) wird die erste Berufspilotin Afrikas.

1930: Anne Morrow Lindbergh (1906–2001) wird die erste Segelfliegerin der USA.

6. März 1931: Ruth Rowland Nichols stellt mit 8.760,9 Metern einen Höhen-Weltrekord für Frauen auf.

13. April 1931: Ruth Rowland Nichols stellt mit 339,1 Stundenkilometern einen Geschwindigkeits-Weltrekord für Frauen auf.

1931: Leyla Mammadbeyova (1909–1989) wird die erste Pilotin in Aserbaidschan.

Juni 1931: Ruth Rowland Nichols scheitert beim Atlantiküberflug.

18. bis 29. August 1931: Die deutsche Pilotin Marga von Etzdorf (1907–1933) fliegt allein von Berlin nach Tokio.

1931: Pauline Mary Gower (1910–1947) betreibt den ersten Lufttaxidienst in Großbritannien.

1931: Die deutsche Pilotin Vera von Bissing (1906–2002) beherrscht als einzige Frau den Looping nach vorn.

1931: Die deutsche Fallschirmspringerin Lola Schröter (1906–1953) stellt mit einem Sprung aus 6.000 Metern Höhe einen Frauenrekord auf.

Oktober 1931: Hazel Ying Lee (1912–1944) erhält als eine der ersten chinesisch-amerikanischen Frauen eine Fluglizenz.

4. Dezember 1931: Die deutsche Fliegerin Elly Beinhorn (1907–2007) startet zu einem erfolgreichen Weltflug. Sie ist die erste Frau, die alle fünf Erdteile mit dem Flugzeug überfliegt.

26. Dezember 1931: Die australische Pilotin Maude Rose „Lores“ Bonney (1897–1994) unternimmt den längsten Ein-Tages-Flug einer Frau von Brisbane nach Wangaratta (1.600 Kilometer).

20. Mai 1932: Die amerikanische Fliegerin Amelia Earhart fliegt mit einem einmotorigen Flugzeug als erste Frau über den Atlantik. Sie startet in Harbor Grace (Neufundland) und landet unweit von Londonderry (Nordirland).

Mai 1932: Die deutsche Schauspielerin und Pilotin Antonie Strassmann (1901–1952) fliegt an Bord des Flugschiffes „Do-X" von den USA nach Deutschland. Sie ist die erste Europäerin, die als fliegender Passagier den Atlantik überquert.

August/September 1932: Maude Rose „Lores" Bonney fliegt als erste Frau um Australien.

5. September 1932: Die amerikanische Pilotin Mary Haizlip (1910–1997) stellt in Cleveland (Ohio) mit 405,92 Stundenkilometern einen Geschwindigkeitsrekord für Frauen auf.

1932: Die Chinesin Katherine Cheung (1904–2003) wird die erste Asiatin mit Pilotenlizenz in den USA.

1932: Ruthy Tu (gestorben 1969) wird die erste Pilotin in der Chinesischen Armee.

1932: Die deutsche Pilotin Rosl Richter und ihr Ehemann unternehmen mit einem Leichtflugzeug einen Weltflug.

1932: Der Fallschirmspringerin Lola Schröter gelingt ein Rekordsprung aus 7.300 Metern Höhe.

1932: Luise Hoffmann (1910–1935) wird erste Werkspilotin in Deutschland.

1932: Phoebe Fairgrave Omlie wird die erste Regierungsbeamtin für Luftfahrt in den USA.

1932: Fay Gillis Wells (1908–2002) fliegt als erste Amerikanerin ein sowjetisches Zivilflugzeug.

April 1933: Die Französin Maryse Hilsz (1903–1946) fliegt als erste Frau von Paris nach Tokio und zurück.

10. bis 21. April 1933: Maude Rose „Lores" Bonney fliegt mit einer Maschine des Typs „Gipsy Moth" namens „My little Ship" als erste Frau von Australien nach England (Start in Brisbane, Landung in London. Flugstrecke rund 20.000 Kilometer).

1933: Freda Thompson (1909–1980) wird die erste Fluglehrerin in Australien.

28. Januar bis 25. April 1934: Die Amerikanerin Laura Ingalls (1901–1967) unternimmt als erste Frau einen Alleinflug von Nordamerika nach Südamerika.

21. März 1934: Laura Ingalls fliegt als erste Amerikanerin über die Anden.

Mai 1934: Die Neuseeländerin Jean Batten (1909–1982) unternimmt als erste Frau einen Flug von England nach Australien und zurück.

28. September bis 6. November 1934: Die australische Pilotin Freda Thompson unternimmt den ersten Alleinflug einer Frau von England nach Australien. Während dieser 39 Tage langen Flugreise muss sie 20 Tage auf ein Ersatzteil warten.

23. Oktober 1934: Die amerikanische Ballonfahrerin Jeannette Piccard (1895–1981) fliegt als erste Frau in die Stratosphäre: Sie steigt zusammen mit ihrem Ehemann Jean-Felix Picard (1884–1963) über dem Erisee in eine Höhe von 17.550 Metern auf.

31. Dezember 1934: Die Amerikanerin Helen Richey (1909–1947) wird die erste Pilotin bei einer planmäßigen Airline („Central Airlines“).

Anfang 1935: Der amerikanischen Fliegerin Amelia Earhart glückt der erste Flug von Hawaii zum amerikanischen Festland. Diese Route ist länger als die Strecke von den USA nach Europa.

April 1935: Liesel Zangenmeister stellt in Rossitten (Ostpreußen) mit 12 Stunden 57 Minuten einen Dauer-Weltrekord im Segelflug auf.

1935: Amelia Earhart unternimmt als Erste einen Alleinflug von Los Angeles (Kalifornien) nach Mexico City (Mexiko), Flugzeit 13 Stunden 23 Minuten.

1935: Amelia Earhart unternimmt als Erste einen Alleinflug von Mexico City nach Newark, Flugzeit 14 Stunden 19 Minuten.

Ende 1935: Jean Batten fliegt als erste Frau von England nach Südamerika (Brasilien), Flugstrecke rund 5.000 Meilen (umgerechnet 8.000 Kilometer), Flugzeit 61 Stunden 15 Minuten

1936: Katarina Matanovic-Kulenovic (1913–2003) wird die erste kroatische Pilotin.

4. September 1936: Louise Thaden (1905–1979) und Blanche Noyes (1900–1981) besiegen als erste Frauen bei einem Flugwettrennen („Bendix Trophy Race") männliche Piloten. Sie fliegen sie von New York City nach Los Angeles in 14 Stunden 55 Minuten und stellen damit einen Weltrekord auf.

4./5. September 1936: Die englische Pilotin Beryl Markham (1902–1986) fliegt als erste Frau allein von London (England) über den Atlantik nach Nova Scotia (Kanada).

1936: Jean Batten fliegt als erste Frau über den Südatlantik.

1936: Laura Ingalls fliegt als erste Frau nonstop von der Ostküste zur Westküste der USA.

März 1937: Jean Burns wird im Alter von 17 Jahren die jüngste Pilotin in Australien.

17. Mai 1937: Die deutsche Fliegerin Hanna Reitsch (1912–1979) wird als erste Frau der Welt ehrenhalber zum Flugkapitän ernannt. Dieser Titel war sonst Flugzeugführern der „Deutschen Lufthansa" vorbehalten.

Mai 1937: Hanna Reitsch überquert als erste Pilotin der Welt im Segelflug die Alpen.

Juni 1937: Die deutsche Pilotin Eva Schmidt (1914–1945) erreicht eine Weltbestleistung im Segelflug-Streckenflug für

Frauen vom Hornberg (Schwäbische Alb) nach Plauen im Vogtland (Sachsen) und einen Dauerflug-Rekord von 14 Stunden.

Juni 1937: Inge Wetzel stellt in Rossitten (Ostpreußen) mit 18 1/2 Stunden einen Segelflug-Weltrekord im Dauerflug auf, wird aber bereits im Juli 1937 von Feodora Schmidt übertroffen.

1937: Amelia Earhart fliegt – im Rahmen ihrer Erdumrundung – als Erste vom Roten Meer nach Indien.

2. Juli 1937: Amelia Earhart und ihr Navigator Fred Noonan (1893–1937) kehren von ihrer geplanten spektakulären Erdumrundung nicht mehr zurück. Um das ungeklärte Verschwinden der Beiden im Pazifik ranken sich zahlreiche Legenden.

4. Juli 1937: Hanna Reitsch fliegt in Bremen als erste Frau einen Hubschrauber.

1937: Maude Rose „Lores" Bonney fliegt als erste Frau allein von Australien (Brisbane) nach Südafrika (Kapstadt), Flugstrecke 29.088 Kilometer.

1937: Sabiha Gökcen (1913–2001) wird die erste Kampfpilotin der Türkei. Sie fliegt Kampfeinsätze in Thrakien und in der Ägäis.

1937: Die deutsche Fliegerin Melitta Schenk Gräfin von Stauffenberg (1903–1945), geborene Melitta Schiller, besitzt als einzige Frau Deutschlands alle Flugzeugführerscheine für sämtliche Klassen von Motorflugzeugen und Segelflugzeugen sowie den Kunstflugschein.

1937: Die Argentinierin Susanna Ferrari Billinghurst (1914–1999) erwirbt als erste Frau in Südamerika einen kommerziellen Pilotenschein.

1937: Die russischen Pilotinnen Marina Raskowa (1912–1943) und Walentina Stepanowna Grisodubowa (1910–1993) stellen mit einem Nonstop-Flug über 1.443 Kilometer einen Frauenweltrekord auf.

1937: Die amerikanische Fliegerin Jacqueline Cochran (1906–1980) macht als erste Frau einen Blindflug (Instrumentenlandung).

28. Oktober 1937: Melitta Schenk Gräfin von Stauffenberg erhält – nach Hanna Reitsch – als zweite Frau der Welt den Titel „Flugkapitän“.

Frühjahr 1938: Hanna Reitsch, die erste Frau mit Helikopter-Lizenz, unternimmt in der riesigen Berliner Deutschlandhalle mit einem Hubschrauber den ersten Hallenflug der Welt.

2. Juli 1938: Den russischen Pilotinnen Walentina Stepanowna Grisodubowa (1910–1993), Wera Lomako (geboren 1913), Polina Ossipenko (1907–1939) und Marina Raskowa (1912–1943) gelingt ein Weltrekord-Fernflug für Frauen von Sewastopol nach Archangelsk über eien Flugstrecke von 2.416 Kilometern.

24./25. September 1938: Marina Raskowa, Walentina Stepanowna Grisodubowa und Polina Ossipenko stellen mit einem 5.908,610 Kilometer langen Fernflug von Moskau nach Kerbi unweit des Ochotskischen Meeres einen Weltrekord für Frauen auf. Am 2. November 1938 erhalten sie für diesen Weltrekord-Fernflug als erste Frauen der sowjetischen Geschichte den Titel „Held der Sowjetunion".

1939: Willa Brown Chappell (1906–1992) wird die erste Afro-amerikanerin mit kommerzieller Pilotenlizenz in den USA

1939/1940: Beate Köstlin (1919–2001), später Beate Uhse, wirkt als erste deutsche Stuntpilotin in den Filmen „D III 88" (1939) und „Achtung, Feind hört mit" (1940) mit.

1. Juli 1941: Die Amerikanerin Jacqueline Cochran überführt als erste Frau einen Bomber über den Atlantik.

Ab 1941: Marina Raskowa und sechs andere weibliche Offiziere organisieren drei nur aus Frauen bestehende sowjetische Fliegerregimenter. Am Ende der Ausbildung werden in Engels drei Regimenter aufgestellt: das 586. Jagdfliegerregiment mit „Jak-2"-Flugzeugen, das 587. Tagbomberregiment mit „Pe-2"-Flugzeugen und das mit „U-2"-Flugzeugen ausgerüstete 588. Nachtbomberregiment („Nachthexen"). Kommandantinnen des 586. Jagdfliegerregiments sind: Lydia Litvak, Raisa Belyayeva, Tamara Pamyatnykh, Raya Surnachevskaya, Marina Kuznetsova. Kommandantinnen des 587. Tagbomberregiments sind: Kladiya Fomicheva, Marina Raskowa, Nadeshda Fedutenko.

Kommandantinnen des 588. Nachtbomberregiments sind: Yevodokya Bershanskaya, Yevgeniya Zhigulenko, Tatyana Makorova, Yevdokia Nosal, Nina Ulynenko.

Oktober 1942: Hanna Reitsch fliegt in Augsburg bei „Messerschmitt" das erste Raketenflugzeug der Welt.

21. März 1943: Cornelia Clark Fort (1919–1943) stirbt bei der Überführung einer Maschine des Typs „BT-13A" als erste Pilotin im Dienst der US-Army, als sie über Merkel, Taylor County (Texas), mit einem anderen Flugzeug zusammenstößt. An sie erinnert der 1945 nach ihr benannte „Cornelia Fort Airport" in Nashville (Tennessee).

14. Okober 1944: Die Amerikanerin Ann G. Baumgartner Carl (1918–2008) ist die erste Frau in einem Turbojet-Kampfflieger.

1948: Betty Skelton Frankman Erde (1926–2011) wird die erste US-Meisterin in Luftakrobatik.

1949: Betty Skelton Frankman Erde stellt mit 7.853 Metern einen Höhenweltrekord für Frauen auf.

16. September 1950: Nancy Bird Walton (1915–2009) gründet die australische Pilotinnenorganisation „Australian Women Pilot's Association" („AWPA")

März 1951: Die deutsche Pilotin Liesel Bach (1905–1992) fliegt als erste Frau über den Himalaja.

1951: Betty Skelton Frankman Erde stellt mit 8.850 Metern einen weiteren Höhenweltrekord für Frauen auf.

April 1953: Iris Wittig (1928–1978) fliegt zusammen mit einem sowjetischen Instrukteur als einer der ersten Piloten in einer „MiG-15UTI", dem ersten Strahlflugzeug der „DDR".

18. Mai 1953: Die amerikanische Pilotin Jacqueline Cochran erreicht mit einem Düsenjäger des Typs „F-86 Sabre" eine Durchschnittsgeschwindigkeit von 1.042 Stundenkilometern und durchbricht dabei in Sturzflügen aus 14.000 Meter Höhe als erste Frau zwei Mal die Schallmauer.

15. August 1953: Die französische Fliegerin Jacqueline Auriol (1917–2000) durchbricht mit einem Düsenjäger des Typs „Mystère" mit einer Geschwindigkeit von 1.195 Stundenkilometern als erste Europäerin die Schallmauer (Mach1).

1960-er Jahre: Jerrie Cobb besteht als erste Amerikanerin alle drei Tests für das von Jacqueline Cochran finanzierte Programm „Mercury 13". Mit diesem privat finanzierten Programm, das nicht Teil der Astronautenrekrutierung der „NASA" ist, will man beim Wettrennen im Weltraum mit der ersten Frau im All der Sowjetunion zuvorkommen. Der Name des Projektes beruht darauf, dass von den insgesamt 20 getesteten Frauen 13 die Tests bestehen: außer Jerrie Cobb später auch Myrte Cagle, Jan Dietrich, Marion Dietrich, Wally Funk, Janey Hart, Jean Hixson, Gene Nora Stumbough, Irene Leverton, Bernice Steadman, Sarah Ratley, Jerri Truhill und Rhea Woltman. Jerry Cobb, Rhea Hurle und Wally Funk unterziehen sich in Oklahoma City noch weiteren Tests und einer psychologischen Bewertung. Wenige Tage, bevor einige Frauen sich erweiterten Tests in Pensacola (Florida) in der „Naval School of Aviation Medicine“ mit Militärausrüstung und Jets unterziehen sollen, erhalten sie ein Telegramm, in dem der Abbruch des Projekts mitgeteilt wird. Die Navy ist nicht bereit, ihr Equipment für ein inoffizielles Projekt bereitzustellen. Im Mai 2007 verleiht die „University of Wisconsin-Oshkosh“ den damals noch acht lebenden Frauen von „Mercury 13“ Ehrendoktortitel für ihren „Pioniergeist und die Anstrengungen bei der Weiterentwicklung der Frauenrechte“.

16. Juni 1963: Die russische Kosmonautin Walentina Tereschkowa startet in Baikonur (Kasachstan) an Bord des Raumschiffes „Wostock VI“ als erste Frau ins Weltall. Sie umkreist 49 Mal die Erde, bevor sie am 19. Juni 1963 in Novosivbirsk landet.

26. August 1963: Diana Barnato Walker (1918–2008) durchbricht als erste Britin die Schallmauer.

19. März bis 17. April 1964: Geraldine „Jerry“ Mock fliegt als erste Amerikanerin erfolgreich um die Welt. Vor ihr hatte dies 1931 schon die deutsche Fliegerin Elly Beinhorn getan. Weil der Weltflug von Elly Beinhorn in den USA nicht allgemein bekannt ist, wird Geraldine „Jerry Mock“ dort oft irrtümlich als Frau erwähnt, die als Erste um die Welt geflogen sein soll.

Juni 1966: Berta Zeron (1924–2000) wird die erste Frau in Mexiko mit einem kommerziellen Pilotenschein.

1966: Die britische Pilotin Sheila Scott (1927–1988) fliegt 50.000 Kilometer in 189 Flugstunden.

1967: Ursula Bühler-Hedinger (1943–2009) wird die erste schweizerische Linienpilotin und Jetpilotin.

28. März 1967: Fiorenza de Bernardi wird die erste Airline-Pilotin in Italien (nach eigenen Angaben die fünfte der Welt) und im selben Jahr in ihrem Heimatland auch der erste weibliche Flugkapitän.

1969: Turi Wideroe wird der erste weibliche Luftverkehrspilot bei einer großen Fluggesellschaft in Norwegen. Sie fliegt im Dienste der „Scandinavian Airlines Systems" („SAS").

28. Juni 1971: Die amerikanische Pilotin Louise Sacchi (1913–1997) stellt bei einem Flug von New York nach London innerhalb von 17 Stunden 10 Minuten einen Geschwindigkeitsrekord auf.

1971: Sheila Scott fliegt bei einem Langstreckenflug über 50.000 Kilometer als erste Frau mit einem Leichtflugzeug über den Nordpol.

29. Januar 1973: Emily Howell Warner wird die erste Pilotin für eine kommerzielle Airline in den USA.

22. Februar 1974: Barbara Ann Rainey (1948–1982), geborene Barbara Ann Allen, wird die erste Marinepilotin der „United States Navy".

4. Juni 1974: Sally Murphy qualifiziert sich als erste Frau als Pilotin für die „United States Army".

1974: Die Italienerin Fiorenza di Bernardi wird die erste Gletscherpilotin der Welt.

1974: Die Amerikanerin Marry Barr wird die erste Pilotin in der Forstwirtschaft („United States Forest Service") der Vereinigten Staaten.

1974: Captain Leslie F. Kenne wird die erste Frau an der Testpilotenschule der US-Luftwaffe.

1974: Wally Funk wird die erste Inspektorin der Flugsicherung innerhalb der amerikanischen Verkehrsbehörde „National Transportation Safety Board" („NTSB") in Washington D.C. Die „NTSB" befasst sich mit der Aufklärung von Unglücksfällen im Transportwesen (Eisenbahnen, Luftfahrt, Schifffahrt, Pipelines und Autobahnen). Für die Luftfahrt entspricht der Aufgabenbereich der Bundesstelle für Flugunfalluntersuchung in Deutschland.

6. Juni 1976: Emily Howell Warner wird der erste weibliche Kapitän einer US-Airline.

Ende 1976: Die deutsche Pilotin Rita Maiburg (1951–1977) wird der erste und einzige weibliche Flugkapitän im regulären

Liniendienst der westlichen Welt. Die Bulgarin Maria Atanasova kommandiert damals eine düsengetriebene Frachtmaschine, die Engländerin Yvonne Sintes ist Captain bei einer britischen Chartergesellschaft

1976: Rosemary Bryant Mariner fliegt als erste Frau ein leichtes Kampfflugzeug.

1978: Rhea Seddon (geboren 1947) , Kathryn Sullivan (geboren 1951), Judith A. Resnik (1949–1986), Sally Kristen Ride (geboren 1951), Anna Lee Fisher (geboren 1949) und Shannon Lucid (geboren 1942) werden als erste Frauen in das Astronautencorps der „NASA“ aufgenommen.

11. April 1980: Eleanor Conn unternimmt mit ihrem Ehemann Sidney Conn die erste Ballonfahrt über den Nordpol.

2. Juli 1980: Die Amerikanerin Lynn Rippelmeyer fliegt als erste Frau einen Jumbo-Jet „Boeing 747“.

3. Dezember 1980: Die Amerikanerin Janice Brown unternimmt in der Nähe von Marana (Arizona) mit einem kleinen Solarflugzeug namens „Solar Challenger“ den ersten Langstrecken-Solarflug (Flugstrecke 6 Meilen, Flugzeit 22 Minuten).

1980: Deborah Jane Lawrie wird die erste Pilotin bei einer australischen Fluggesellschaft.

14. Februar 1981: Neta Snook (1896–1991) ist mit 85 Jahren die älteste Pilotin der USA.

11. März 1981: Die Amerikanerin Doris Grove stellt mit 1.127,68 Kilometern einen Segelflug-Weltrekord auf.

17. Dezember 1982: Die amerikanische Pilotin Mary Haizlip (1910–1997) wird als erste Frau in der Luft- und Raumfahrt in die „Oklahoma Aviation and Space Hall of Fame“ aufgenommen.

18. Juni 1983: Die Astronautin Sally Kristen Ride fliegt als erste Amerikanerin im Weltall.

1983: Regula Eichenberger wird die erste Linienpilotin bei einer schweizerischen Airline („Crossair“).

19. Juli 1984: Die amerikanische Pilotin Lynn Rippelmeyer fliegt als erster weiblicher Kapitän mit einer „Boeing 747“ über den Atlantik. Der Start erfolgt in Newark, die Landung in London-Gatwick.

19. Juli 1984: Die amerikanische Pilotin Beverly Lynn Burns fliegt als erster weibliche Kapitän mit einer „Boeing 747“ über die USA. Ihr historischer Flug mit einer Maschine der Fluggesellschaft „PEOPLExpress“ führt von Newark nach Los Angeles.

25. Juli 1984: Die sowjetische Kosmonautin Swetlana Sawizkaja unternimmt als erste Frau einen Spaziergang im Weltall.

11. Oktober 1984: Die Astronautin Kathryn Dwyer Sullivan unternimmt als erste Amerikanerin einen Spaziergang im All.

14. Dezember 1986: Die amerikanische Astronautin Jeana Yeaeger startet zusammen mit Dick Rutan mit einem Voyager-Flugzeug zur ersten Nonstop-Weltraumumrundung ohne Auftanken und Zwischenlanden. Sie fliegen in 9 Tagen 3 Minuten 44 Sekunden eine Strecke von insgesamt 42.120 Kilometern.

1989: Gaby Kennard fliegt als erste Australierin mit einem Flugzeug des Typs „Piper Saratoga“ namens „Gerty“ in 99 Tagen allein um die Welt.

1990: Allana Arnot (geboren 1967) fliegt als erste Australierin mit einem Hubschrauber um die Welt.

1990: Rosemary Bryant Mariner wird die erste Kommandantin einer operativen Fliegerstaffel in den USA.

Winter 1990: Rosella Bjornsön wird der erste weibliche Kapitän für eine kommerzielle Fluggesellschaft in Kanada.

14. Mai 1992: Die amerikanische Astronautin Kathryn Thornton unternimmt den längsten Spaziergang im Weltall. Er dauert 7 Stunden 44 Minuten.

12. bis 20. September 1992: Carol Mae Jemison fliegt mit der Raumfähre „Endeauvour“ als erste afro-amerikanische Astronautin im Weltall.

1. Oktober 1992: Die Amerikanerin Victoria („Vicki“) von Meter (1982–2008) erregt als jüngste Fliegerin der Welt großes Aufsehen. Sie steuert als Zehnjährige erstmals ein Flugzeug,

25. März 1993: Die Britin Barbara Hamer ist die erste Frau, die – als Erster Offizier und Kopilotin – mit einem kommerziellen Überschallflugzeug fliegt. Dies geschieht bei einem Flug mit „British Airways" auf der „Concorde" von London nach New York City.

20. bis 23. September 1993: Vicki van Meter überfliegt im Alter von elf Jahren die USA – von Augusta (Maine) nach San Diego (Kalifornien).

1993: Sarah Deal wird erster weiblicher Pilot des „United States Marine Corps".

21. April 1994: Jackie Parker qualifiziert sich als erste Pilotin für das F-16-Kampfflugzeug.

4. bis 7. Juni 1994: Vicki van Meter überfliegt im Alter von zwölf Jahren den Atlantik.

12. Juli 1994: Die elfjährige Amerikanerin Katrina Mumaw wird das „schnellste Kind der Welt": Sie bricht zusammen mit einem russischen Piloten in einem „MiG-29"-Kampfjet die Schallmauer.

1994: Kara Hultgreen (1965–1994) wird die erste Kampfpilotin der US-Marine in einer „F-14 Tomcat".

3. Oktober 1994 bis 22. März 1995: Die Russin Elena Kondakowa, nach anderer Schreibweise Yelena Vladimirovna Kondakova, unternimmt den ersten Dauerflug einer Frau im All.

3. bis 11. Februar 1995: Eileen Collins wird die erste amerikanische Raumfährenpilotin bzw. Shuttlepilotin.

1995: Martha McSally unternimmt bei der Operation „Southern Watch" als erste Pilotin der US-Luftwaffe (von Kuwait aus) Kontrollflüge in feindlichem Gebiet (Irak). Sie ist die erste Pilotin der „U.S. Air Force", die mit einem Militärflugzeug über Feindgebiet fliegt.

22. März bis 26. September 1996: Shannon Lucid wird mit einem 188 Tage langen Flug die Amerikanerin, die sich am längsten im Weltraum aufhält.

19. November 1997: Kalpana Chawla (1961–2003) unternimmt mit der amerikanischen Raumfähre „Columbia" als erste Inderin einen Flug im Weltall.

16. Dezember 1998: Kendra Williams, Leutnant bei der „United States Navy", bombardiert bei der Operation „Desert Fox" als erster weiblicher Kampfpilot der USA über dem Irak ein feindliches Ziel.

12. Januar 1999: Erstmals ist das Cockpit einer „Swissair"-Maschine ausschließlich mit Frauen besetzt: Kapitän Gabrielle Musy-Lüthi und Kopilotin Claudia Wehrli fliegen einen „Airbus A320" von Zürich-Kloten nach Paris.

23. bis 28. Juli 1999: Eileen Collins wird die erste Kommandantin einer amerikanischen Raumfähre („Space Shuttle").

Januar bis Mai 2001: Die Britin Polly Vacher unternimmt als erste Frau mit einem Kleinflugzeug („Piper PA-28 Cherokee Dakota G-FRGN") – über Australien – einen Flug um die Welt.

6. Mai 2003 bis 27. April 2004: Polly Vacher fliegt von Birmingham aus über den Nordpol, die Antarktis und alle Erdteile. Damit wird sie die erste Frau, die allein die Polarregionen überquert. Bei diesem Unternehmen fliegt sie auch innerhalb von 16 Stunden von Hawaii nach Kalifornien.

Um 2005: Hanadi Zakaria al-Hindi wird der erste weibliche Flugkapitän in Saudi-Arabien.

13. März 2006: Die amerikanische Pilotin Elizabeth A. Okoreeh-Baah fliegt als erste Frau ein senkrecht startendes „V-22 Osprey Tiltrotor"-Flugzeug.

2006: Nicole Malachowski wird als erste Frau bei den „Thunderbirds", einer Kunstflugstaffel der Luftstreitkräfte der USA, aufgenommen.

18. bis 29. September 2006: Die amerikanisch-iranische Multimillionärin Anoushe Ansari wird der erste weibliche Weltraumtourist, der erste weibliche Muslim und die erste Iranerin im Weltraum. Sie startet am 18. September 2006 mit einem Sojus-Raumschiff zur „Internationalen Raumstation" („ISS"), erreicht am 20. September die „ISS" und kehrt am 29. September 2006 mit „Sojus TMA-8" zur Erde zurück.

Autor Ernst Probst,
Foto: Klaus Benz, Fotograf, Mainz-Laubenheim

Der Autor

Ernst Probst, geboren am 20. Januar 1946 in Neunburg vorm Wald im bayerischen Regierungsbezirk Oberpfalz, ist Journalist und Wissenschaftsautor. Er arbeitete von 1968 bis 1971 als Redakteur bei den „Nürnberger Nachrichten“, von 1971 bis 1973 in der Zentralredaktion des „Ring Nordbayerischer Tageszeitungen“ in Bayreuth und von 1973 bis 2001 bei der „Allgemeinen Zeitung“, Mainz. In seiner Freizeit schrieb er Artikel für die „Frankfurter Allgemeine Zeitung“, „Süddeutsche Zeitung“, „Die Welt“, „Frankfurter Rundschau“, „Neue Zürcher Zeitung“, „Tages-Anzeiger“, Zürich, „Salzburger Nachrichten“, „Die Zeit“, „Rheinischer Merkur“, „Deutsches Allgemeines Sonntagsblatt“, „bild der wissenschaft“, „kosmos“, „Deutsche Presse-Agentur“ (dpa), „Associated Press“ (AP) und den „Deutschen Forschungsdienst“ (df). Aus seiner Feder stammen die Bücher „Deutschland in der Urzeit“ (1986), „Deutschland in der Steinzeit“ (1991), „Rekorde der Urzeit“ (1992), „Dinosaurier in Deutschland“ (1993 zusammen mit Raymund Windolf) und „Deutschland in der Bronzezeit“ (1996). Ab 2000 veröffentlichte er eine 14-bändige Taschenbuchreihe über berühmte Frauen. Von 2001 bis 2006 betätigte sich Ernst Probst als Buchverleger. Bis heute schrieb er mehr als 300 Bücher, Taschenbücher und Broschüren.

Kurzbiografien von Ernst Probst über „Königinnen der Lüfte"

Aida de Acosta. Erster Alleinflug mit einem lenkbaren Luftschiff
Elsa Andersson. Die erste Pilotin aus Schweden
Jacqueline Auriol. Sie durchbrach als erste Europäerin die Schallmauer
Liesel Bach. Deutschlands erfolgreichste Kunstfliegerin
Pancho Barnes. Amerikas erste Stuntpilotin
Maryse Bastié. Die Fliegerin, die acht Weltrekorde brach
Jean Batten. Neuseelands berühmteste Pilotin
Melli Beese. Die erste Deutsche mit Pilotenlizenz
Elly Beinhorn. Deutschlands Meisterfliegerin
Vera von Bissing. Eine Kunstfliegerin der 1930-er Jahre
Sophie Blanchard. Die erste professionelle Luftschifferin
Adrienne Bolland. Die erste Frau, die über die Anden flog
Hèléne Boucher. Die französische „Wunderfliegerin"
Kalpana Chawla. Die erste Inderin im Weltall
Jacqueline Cochran. Die „schnellste Frau der Welt"
Bessie Coleman. Die erste Afro-Amerikanerin mit Pilotenschein
Eileen Collins. Die erste Raumfähren-Pilotin
Hèléne Dutrieu. Die erste Pilotin in Belgien
Amelia Earhart. Die erste Frau, die zwei Mal über den Atlantik flog
Ruth Elder. Die erste Frau, die den Flug über den Atlantik wagte

Marga von Etzdorf. Die tragische deutsche Fliegerin
Elise Garnerin. Die „Venus im Ballon"
Sabiha Gökcen. Die erste türkische Pilotin
Frances Wilson Grayson. Tragischer Flug über den Atlantik
Else Haugk. Die erste Fliegerin der Schweiz
Hilda Hewlett. Die erste britische Fliegerin
Maryse Hilsz. Die Rekordfliegerin aus Frankreich
Luise Hoffmann. Die erste deutsche Einfliegerin
Kara Spears Hultgreen. Die erste „F-14 Tomcat"-Kampfpilotin
Laura Ingalls. Die erste Amerikanerin, die über Südamerika flog
Carol Mae Jemison. Die erste afro-amerikanische Astronautin
Amy Johnson-Mollison. Englands erste Flugzeugmechanikerin
Thea Knorr. Eine frühe Fliegerin in München (zusammen mit Josef Eimannsberger)
Raymonde de Laroche. Die erste Pilotin der Welt
Ruth Law. Erste Luftpost für die Philippinen
Anne Morrow Lindbergh. Die erste Amerikanerin mit Segelflugschein.
Anne Löwenstein-Wertheim. Die fliegende Prinzessin
Shannon Lucid. Der längste Raumflug einer Frau
Angelika Machinek. Eine Segelfliegerin der Weltklasse
Rita Maiburg. Einer der ersten weiblichen Linienflugkapitäne
Beryl Markham. Die erste Berufspilotin in Ostafrika
Marie Marvingt. Die „Mutter der Luftambulanz"
Christa McAuliffe. Die amerikanische Nationalheldin
Victoria van Meter. Die jüngste Fliegerin der Welt

Sabine Trube. Die deutsche Düsenjet-Kommandantin
Beate Uhse. Deutschlands erste Stuntpilotin
Nancy Bird Walton. Australiens erste und jüngste Verkehrspilotin

Bücher von Ernst Probst

Christl-Marie Schultes. Die erste Fliegerin in Bayern (zusammen mit Theo Lederer)
Frauen im Weltall
Königinnen der Lüfte
Königinnen der Lüfte von A bis Z. Biografien berühmter Fliegerinnen, Ballonfahrerinnen, Luftschifferinnen, Fallschirmspringerinnen und Astronautinnen
Drei Königinnen der Lüfte in Bayern. Thea Knorr – Christl-Marie Schultes – Lisl Schwab (zusammen mit Josef Eimannsberger)
Königinnen der Lüfte in Deutschland
Königinnen der Lüfte in Frankreich
Königinnen der Lüfte in England, Australien und Neuseeland
Königinnen der Lüfte in Europa
Königinnen der Lüfte in Amerika
Sturzflüge für Deutschland. Kurzbiografie der Testfliegerin Melitta Schenk Gräfin von Stauffenberg (zusammen mit Heiko Peter Melle)
Theo Lederer. Ein Flugzeugsammler in Bayern
Tony und Bruno Werntgen. Zwei Leben für die Luftfahrt (zusammen mit Paul Wirtz)